# 新 HSK（五级）
# 高分实战试卷
# 2

刘　云　主编

图书在版编目(CIP)数据

新 HSK(五级)高分实战试卷.2 / 刘云主编. —北京:北京大学出版社,2012.10
(北大版新 HSK 应试辅导丛书)
ISBN 978-7-301-21225-7

Ⅰ.新… Ⅱ.刘… Ⅲ.汉语－对外汉语教学－水平考试－习题集 Ⅳ.H195-44

中国版本图书馆 CIP 数据核字(2012)第 215516 号

| | |
|---|---|
| 书　　　　名: | 新 HSK(五级)高分实战试卷 2 |
| 著作责任者: | 刘　云　主编 |
| 责 任 编 辑: | 沈萌萌 |
| 标 准 书 号: | ISBN 978-7-301-21225-7/H·3129 |
| 出 版 发 行: | 北京大学出版社 |
| 地　　　　址: | 北京市海淀区成府路 205 号　100871 |
| 网　　　　址: | http://www.pup.cn |
| 电 子 邮 箱: | zpup@pup.pku.edu.cn |
| 电　　　　话: | 邮购部 62752015　发行部 62750672　编辑部 62752028<br>出版部 62754962 |
| 印 刷 者: | 三河市博文印刷厂 |
| 经 销 者: | 新华书店 |
| | 787 毫米×1092 毫米　16 开本　3.5 印张　65 千字 |
| | 2012 年 10 月第 1 版　2012 年 10 月第 1 次印刷 |
| 定　　　　价: | 12.00 元 |

未经许可,不得以任何方式复制或抄袭本书之部分或全部内容。
版权所有,侵权必究　　举报电话: 010 - 62752024
　　　　　　　　　　　　电子邮箱: fd@pup.pku.edu.cn

# 目 录

一、听　力 …………………………………………………………… 1

二、阅　读 …………………………………………………………… 5

三、书　写 …………………………………………………………… 17

　答案 ………………………………………………………………… 19

　听力材料及听力部分题解 ………………………………………… 21

　阅读部分题解 ……………………………………………………… 36

# 新 HSK（五级）

## 注　意

一、HSK(五级)分三部分：

　　1. 听力（45题，约30分钟）

　　2. 阅读（45题，40分钟）

　　3. 书写（10题，40分钟）

二、**答案先写在试卷上，最后 10 分钟再写在答题卡上。**

三、全部考试约 125 分钟(含考生填写个人信息时间 5 分钟)。

中国　北京　　　　　　　　××××/××××××　　编制

# 一、听　力

(听力内容请登录 http://www.pup.cn/dl/newsmore.cfm?sSnom=d203 下载)

## 第 一 部 分

第1—20题：请选出正确答案。

1. A 找人　　　　　　　　　　　　B 问路
   C 坐车　　　　　　　　　　　　D 去上班

2. A 看不懂　　　　　　　　　　　B 演员很差
   C 画面很美　　　　　　　　　　D 非常精彩

3. A 自己没有时间　　　　　　　　B 没钱买纪念品
   C 没有什么值得买　　　　　　　D 马上要去跑会场

4. A 医生　　　　　　　　　　　　B 护士
   C 教授　　　　　　　　　　　　D 清洁工人

5. A 上课方式比较特别　　　　　　B 收费标准定得太高
   C 没有什么学习效果　　　　　　D 老师上课不太认真

6. A 对电脑有兴趣　　　　　　　　B 公司待遇很好
   C 专业学得很差　　　　　　　　D 想学电脑知识

7. A 九千块钱　　　　　　　　　　B 一万八千块
   C 两万七千块　　　　　　　　　D 三万六千块

8. A 还没写　　　　　　　　　　　B 写了一小部分
   C 完成一大半了　　　　　　　　D 现在正在修改

9. A 重新装了系统　　　　　　　　B 升级电脑软件
   C 删掉一些程序　　　　　　　　D 清除电脑病毒

10. A 三天　　　　　　　　　　　　B 四天
    C 五天　　　　　　　　　　　　D 六天

11. A 记错了出发时间　　　　　　　B 觉得旅游没意思
    C 忘了给男的打电话　　　　　　D 要在家里照顾女儿

12. A 经理的年纪太大了　　　　　　　B 经理没想组织旅游
　　 C 经理的事情太多了　　　　　　　D 经理的酒量不太好

13. A 现在饭已经凉了　　　　　　　　B 完成工作再去吃饭
　　 C 男的可以帮助女的　　　　　　　D 今天不需要交报表

14. A 医院　　　　　　　　　　　　　B 公司
　　 C 公园　　　　　　　　　　　　　D 家里

15. A 安慰　　　　　　　　　　　　　B 生气
　　 C 失望　　　　　　　　　　　　　D 怀疑

16. A 太害羞了　　　　　　　　　　　B 不太听话
　　 C 反应很慢　　　　　　　　　　　D 很爱打扮

17. A 没见到那个女孩子　　　　　　　B 自己觉得非常满意
　　 C 儿子和对方分手了　　　　　　　D 儿子马上要去上海

18. A 看电影　　　　　　　　　　　　B 学表演
　　 C 当演员　　　　　　　　　　　　D 找导演

19. A 要去上海旅游　　　　　　　　　B 领到很多奖金
　　 C 工作上很顺利　　　　　　　　　D 受到领导表扬

20. A 准备先回来一下　　　　　　　　B 没和对方谈好价格
　　 C 要去北京找总经理　　　　　　　D 觉得对方态度不诚恳

## 第二部分

**第21—45题：请选出正确答案。**

21. A 担心网购不安全 　　　　　　　B 在网上开了一家店
    C 向男的介绍自己的商品 　　　　D 认为在网上购物很方便

22. A 机场 　　　　　　　　　　　　B 家里
    C 火车站 　　　　　　　　　　　D 公共汽车上

23. A 八千五 　　　　　　　　　　　B 七千五
    C 六千八 　　　　　　　　　　　D 五千八

24. A 同事 　　　　　　　　　　　　B 夫妻
    C 邻居 　　　　　　　　　　　　D 亲戚

25. A 教室 　　　　　　　　　　　　B 宿舍
    C 图书馆 　　　　　　　　　　　D 电影院

26. A 市场环境 　　　　　　　　　　B 家用电器
    C 科学技术 　　　　　　　　　　D 日用百货

27. A 保修期非常长 　　　　　　　　B 价格比较便宜
    C 店主服务态度好 　　　　　　　D 网上的款式好看

28. A 超市 　　　　　　　　　　　　B 商场
    C 饭店 　　　　　　　　　　　　D 咖啡馆

29. A 觉得自己状态不好 　　　　　　B 认为准备时间太少
    C 其他对手能力太强 　　　　　　D 感觉身体很不舒服

30. A 感冒了 　　　　　　　　　　　B 伞丢了
    C 湿透了 　　　　　　　　　　　D 受伤了

31. A 孩子身体差 　　　　　　　　　B 被领导批评
    C 家务非常多 　　　　　　　　　D 工作不轻松

32. A 辞职回家 　　　　　　　　　　B 换个想法
    C 找人帮忙 　　　　　　　　　　D 换个单位

33. A 非常年轻　　　　　　　　　　B 很有才华
　　C 十分骄傲　　　　　　　　　　D 不善言谈

34. A 激动　　　　　　　　　　　　B 愤怒
　　C 遗憾　　　　　　　　　　　　D 害羞

35. A 要放低自己的位置　　　　　　B 以后不签名售书了
　　C 这个孩子很没礼貌　　　　　　D 以后要更加地努力

36. A 老家在洛阳　　　　　　　　　B 琴弹得很好
　　C 家里很富有　　　　　　　　　D 非常有才华

37. A 引起大家注意　　　　　　　　B 帮助贫困老人
　　C 得到别人表扬　　　　　　　　D 用弹琴来挣钱

38. A 琴艺　　　　　　　　　　　　B 诗文
　　C 勇气　　　　　　　　　　　　D 财富

39. A 给了穷汉一大笔钱　　　　　　B 家里有个很大的花园
　　C 每天十一点都去宾馆　　　　　D 和穷汉一起吃了顿饭

40. A 能有一所漂亮的房子　　　　　B 和贵妇人一起吃早饭
　　C 体验在宾馆睡觉的感觉　　　　D 有一张舒适又温暖的床

41. A 付了房费　　　　　　　　　　B 买新衣服
　　C 送了辆车　　　　　　　　　　D 买了房子

42. A 宾馆环境不好　　　　　　　　B 服务员不热情
　　C 没想象中的好　　　　　　　　D 今晚要睡公园

43. A 和女孩儿换东西　　　　　　　B 成为女孩儿的好朋友
　　C 得到女孩儿的一块糖果　　　　D 请女孩儿帮自己收集石头

44. A 把石头全都给了小女孩儿　　　B 把自己喜欢的石头留下了
　　C 四处去寻找漂亮的石头　　　　D 和女孩儿一起分享了糖果

45. A 一直在怀疑小女孩儿　　　　　B 非常想念小女孩儿
　　C 在后悔自己的做法　　　　　　D 因为吃糖导致牙疼

# 二、阅 读

## 第一部分

第46—60题：请选出正确答案。

46—48.

一位著名的作家曾在一篇文章里谈到他在沙漠地区吃西瓜的事情。吃完了西瓜，他顺手将瓜皮向远处用力地___46___去——这里是不会有人罚款的。可让他万万没想到的是，卖西瓜的那个人却跑过去把他丢弃的瓜皮捡回来，然后反过来放在路边，说这样放可以___47___保持西瓜皮的水分，万一后面有意外断了水的人，西瓜皮可解他们的一时之急。他还说："这是___48___。"

46. A 吐　　　　B 甩　　　　C 踢　　　　D 挥

47. A 尽量　　　B 始终　　　C 完整　　　D 一直

48. A 规律　　　B 规则　　　C 规矩　　　D 规定

49—52.

小时候，我的小脑瓜里不时地___49___出许多美丽的想法，可最后都落空了。为此，我感到很苦恼。

一次，父亲问我："空气在静止的___50___下叫什么呢？"

"叫空气。"我说。

"如果空气动一动，又叫什么呢？"父亲继续问。

"还叫空气。"我立刻回答道。

"不对。空气动一动，就叫风了。"父亲说，"空气稍稍一动，就改变了原来的状态，就改变了自己的现状，___51___拥有了自己新的名词和新的生命——风。一个人的梦想不管多么美丽，如果光想不动，没有实际的行动，那永远只能是梦想，只有行动起来，___52___。"

49. A 飘　　　　B 露　　　　C 流　　　　D 冒

50. A 状态　　　B 现象　　　C 规则　　　D 状况

51. A 所谓　　　B 从而　　　C 未必　　　D 始终

52. A 你才能有更多的想法　　　　B 才能得到别人的尊重
　　C 梦想才可能成为现实　　　　D 你才能开始新的人生

53—56.
　　我有一个朋友在某集团公司做部门经理。有一次,一位客户经他手签了一个大单,赚了不少钱,为了表示感谢,这位客户__53__送了一份贵重的礼物给我的朋友。朋友想拒绝,__54__,于是他高兴地收下了。随即,朋友请这位客户小坐一会儿,然后他拿着礼物转身去了里间的更衣室。没多久,朋友从更衣室里走出来,手里拿着一份精心包装过的礼物,他对这位客户说:"朋友之间就应该礼尚往来,这份小小的礼物,也请你务必收下。"话说到这个份儿上,客户没了__55__的理由,只好收下了。这位客户回到家后,拆开朋友送给他的礼物。他原以为一定是不值钱的东西,谁知里面竟是他送给朋友的那份礼物。这位客户从心底__56__朋友的做法,并与朋友建立了长期的合作关系。
　　有时候,拒绝别人就是这么简单,只要你给它加上一层精美的包装,不仅不会伤害到别人,反而会赢得别人的尊重。

53. A 特别　　　　B 专心　　　　C 特意　　　　D 故意

54. A 却怕弄坏了这份礼物　　　　B 但又不想让对方失望
　　C 可自己很喜欢这个东西　　　D 又希望能送对方一份礼物

55. A 推辞　　　　B 反对　　　　C 承认　　　　D 否定

56. A 尊敬　　　　B 佩服　　　　C 服从　　　　D 赞美

57—60.
　　沈从文是我国现代著名作家,他出生在湖南省凤凰县的一个农户家庭。小时候,沈从文特别喜欢看戏,常常因为看戏而__57__了读书。
　　有一天上午,沈从文从学校里偷偷__58__出来,一个人到村子里去看戏,一直看到太阳落山,他才回到学校。第二天刚进校门,老师就非常生气地责问他为什么逃学。他羞红了脸,答不上来。老师批评他:"大家都在用功读书,你却偷偷跑去看戏。我虽然批评你,可这也是为了你好。__59__,才能得到别人的尊重。"老师的话,使沈从文感动得流下了眼泪。他暗暗下定决心,一定要记住这次__60__,做一个受人尊重的人。此后,沈从文一直严格要求自己,长大后成了著名的作家。

57. A 推辞      B 耽误      C 取消      D 删除

58. A 滚        B 爬        C 游        D 溜

59. A 你只有尊重老师        B 你要是好好学习
    C 一个人只有尊重自己    D 一个人假如有真本领

60. A 批评      B 责备      C 教训      D 吵架

# 第二部分

**第61—70题：请选出与试题内容一致的一项。**

61. 陕西历史博物馆，被誉为"古都明珠，华夏宝库"，是位于陕西西安的一座国家级综合性历史类大型博物馆，筹建于1983年，1991年6月20日落成开放。馆藏文物370,000余件，上起远古人类初始阶段使用的简单石器，下至1840年以前社会生活中的各类器物，时间长达一百多万年。

　　A 只有陕西历史博物馆有远古代石器
　　B 陕西历史博物馆是1983年建成的
　　C 陕西历史博物馆里没有1840年后的展品
　　D 陕西历史博物馆是最大的国家级博物馆

62. 赛里木湖，古称"净海"，位于中国新疆北天山山脉中，是一个风光秀美的高山湖泊。赛里木湖海拔2071.9米，东西长30公里，南北宽25公里，面积453平方公里，平均水深46.4米，最深处达106米，蓄水量210亿立方米，是新疆海拔最高、面积最大的高山冷水湖。

　　A 赛里木湖现在也叫净海
　　B 赛里木湖水深46.4米
　　C 赛里木湖是新疆最大的湖
　　D 赛里木湖是新疆最高的冷水湖

63. 银杉，是三百万年前第四纪冰川后残留下来，并保存至今的植物。远在地质时期的新生代第三纪时，银杉曾广泛分布于北半球的亚欧大陆，在德国、波兰、法国及俄罗斯曾发现过它的化石。现在银杉是中国特有的世界珍稀物种，和水杉、银杏一起被誉为植物界的"国宝"，是国家一级保护植物。

　　A 银杉有三百万年的历史
　　B 银杉广泛分布在亚欧大陆
　　C 水杉是国家一级保护植物
　　D 中国和欧洲发现过银杉化石

64. 石漠化是"石质荒漠化"的简称，分布相对比较集中，主要发生于坡度较大的坡面上，以轻度、中度为主。以云贵高原为例，石漠化面积占全国石漠化总面积的53.4%，发生在16度以上坡面上的石漠化面积占总面积的84.9%，轻度、中度石漠化土地占总面积的73.2%。

   A 石漠化只发生于坡面
   B 很多地方有石漠化现象
   C 云贵高原的石漠化面积最大
   D 重度石漠化发生在坡度大的坡面

65. 《马可·波罗游记》是1298年意大利著名商人和冒险家马可·波罗写的东游见闻。该书是第一个将地大物博的中国介绍给欧洲人的著作，它记录了中亚、西亚、东南亚等地区的许多国家的情况，而其重点部分则是关于中国的叙述。这些叙述在中古时代的地理学史、亚洲历史、中西交通史和中意关系史等方面，都有着重要的历史价值。

   A《马可·波罗游记》是一本旅游书
   B《马可·波罗游记》是作者自己的故事
   C《马可·波罗游记》是意大利作家写的
   D《马可·波罗游记》是第一部介绍中国的书

66. 水墨画是绘画的一种形式，更多时候，水墨画被视为中国传统绘画，也就是国画的代表。基本的水墨画，以中国画特有的材料之一——墨为主要原料，加以清水的多少形成浓、淡、干、湿等状态，可以画出黑、白、灰等层次。进阶的水墨画，也有工笔花鸟画，色彩缤纷，有时也称为彩墨画。

   A 水墨画就是国画
   B 水墨画主要是山水画
   C 彩墨画是水墨画的一种
   D 水墨画只有黑、白、灰三色

67. 丈夫经常在妻子面前骂老板无能,弄得公司快倒闭了,连奖金都发不出。一天同事来家里做客,听到他骂老板,十分吃惊,悄悄问:"你不是每个月都领了奖金吗?怎么……"他连忙打断同事的话,小声说:"不骂老板,我和你们喝酒的钱谁出?"

   A 丈夫觉得老板很无能
   B 妻子不知道丈夫有奖金
   C 同事知道丈夫常常骂老板
   D 丈夫没有钱和同事一起喝酒

68. 卫星云图是由气象卫星自上而下观测到的地球上的云层和地表特征的图像。利用卫星云图可以识别不同的天气系统,确定它们的位置,估计其强度和发展趋势,为天气分析和天气预报提供依据。在海洋、沙漠、高原等缺少气象观测台站的地区,卫星云图所提供的资料,对提高预报准确率起了重要作用。

   A 以前的天气预报不准确
   B 利用卫星云图可以预报天气
   C 海洋、沙漠等地区没有气象观测站
   D 卫星云图是气象卫星观测到的天气图像

69. 世界大学生运动会简称大运会,素有"小奥运会"之称,始办于1959年,由国际大学生体育联合会主办。1959年,第一届世界大学生运动会在意大利都灵举行,中国曾经派出4名选手参加。1975年,中国被接纳为国际大学生体育联合会正式会员。2001年,第21届世界大学生运动会在北京开幕。2011年深圳大运会于8月12日开幕,中国获得75金,创造了新纪录。

   A 每届大运会在不同的国家举办
   B 国际大学生体育联合会决定举办城市
   C 1975年中国第一次参加大学生运动会
   D 2011年大运会上中国的金牌是历史上最多的

70. 中国电视剧飞天奖，原名"全国优秀电视剧奖"，是中国电视剧最高"政府奖"，创办于1980年，于1981年开始评奖，每年举办一届，2005年改为两年一届。除第十七届在郑州举行、第十九届在长沙举行之外，其他各届都在北京举办。今年8月25日，第28届颁奖典礼将在国家体育馆举行。

   A 飞天奖每两年举办一届
   B 飞天奖从1980年开始评奖
   C 今年的飞天奖会在北京举行
   D 飞天奖是中国电视剧最高奖项

# 第三部分

**第71—90题：请选出正确答案。**

71—75.

　　古代有一位皇帝，一天晚上做了一个梦，梦见自己满嘴的牙都掉了。于是，他就找了两位解梦的人。皇帝问他们："为什么我会梦见自己满口的牙全掉了呢？"第一个解梦的人就说："皇上，梦的意思是，在你所有的亲属都死去以后，你才能死，一个都不剩。"皇上一听，龙颜大怒，叫人打了他一百大板。第二个解梦人说："至高无上的皇上，梦的意思是，您将是您所有亲属当中最长寿的一位呀！"皇上听了很高兴，便拿出了一百个金币，赏给了第二位解梦的人。

　　同样的事情，同样的内容，为什么一个会被打板子，另一个却受到嘉奖呢？"一句话说得人笑，一句话说得人跳。"关键就看你能不能把话说得巧妙。这里所谓的巧妙指的就是能够说出最善解人意或最贴切的话。要达到巧妙的境界，就必须对周围的人事十分敏感，并掌握说话的技巧，随时都能果断地表达自己的意思，而且重点是不能引起他人的反感。用这种技巧来处理麻烦的情况或人际关系，你自然会令人感觉"如坐春风"，而不是"言语可厌"。

71. 两个解梦人所说的意思：
　　A 完全相反　　　　　　　　B 其实一样
　　C 小部分相同　　　　　　　D 大部分一样

72. 第一个解梦人为什么会被打？
　　A 没有礼貌　　　　　　　　B 长得难看
　　C 非常爱财　　　　　　　　D 不会说话

73. 说话巧妙是指：
　　A 让听者很高兴　　　　　　B 可以得到好处
　　C 要不符合实际　　　　　　D 得交到更多朋友

74. 要做到说话巧妙的重点是什么？
　　A 注意力要集中　　　　　　B 善于观察情况
　　C 不让对方讨厌　　　　　　D 完全表达自己

75. 最适合这段话的题目是：
    A 如何"说话"          B 伴君如伴虎
    C 怎样交朋友          D 麻烦的人际关系

76—80.
　　有一次，小王要坐火车去外地开会，但事先没有买好车票。这时刚好是元旦前夕，到外地去度假的人很多，因此火车票很难买到。小王打电话到车站询问，答复是全部车票已经卖完。如果不怕麻烦，可以到车站碰碰运气，看是否有人临时退票。车站还特别强调一句：这种机会或许只有万分之一。
　　小王提着行李赶到车站。等了好久，一直没有人退票，小王仍然耐心等待。就在最后5分钟的时候，一个女人匆忙来退票，因为她家有急事，只得改期。于是小王如愿以偿，坐上了火车。到了目的地，小王给妻子打了一个长途电话："我抓住了那只由万分之一的机会，因为我相信一个不怕吃亏的笨蛋，才是真正的聪明人。"
　　许多人正是凭着那份不放弃万分之一机会的执著，最终实现了自己的人生目标。在通往成功的道路上，处处都有可能被错过的机会。你会努力地抓住万分之一的机会吗？还是坐在家里等待一个百分之百的机会自动送上门来？

76. 小王遇到了什么情况？
    A 买不到车票          B 火车停开了
    C 钱包被偷了          D 订不到房间

77. 车站强调的那句话的意思是：
    A 现在车票很贵        B 可以买到飞机票
    C 几乎碰不到有人退票  D 现在回家的可能性很小

78. 最后小王：
    A 去了外地            B 回了公司
    C 终于回家了          D 找太太帮忙

79. 作者认为要实现自己的人生目标就要：
    A 制定计划            B 把握机会
    C 善于思考            D 听人劝告

80. 可以替换文中最后一段中"执著"一词的是：
   A 实行　　　　　　　　　B 固定
   C 坚持　　　　　　　　　D 运气

81—85.
　　赞美能令平时不起眼的角色成为英雄，能让平时冷漠的人露出难得的微笑。懂得真诚地赞美别人，生活会更加美妙。每个人都有自尊心和荣誉感，对一个人真诚的表扬与赞同，就是对他价值的最好承认和重视。真诚的欣赏和善意的赞许能拉近人与人的距离，消除陌生与敌意。
　　某个公司有一个专门负责打扫卫生的清洁工人，本来这是一个最被人忽视、最被人看不起的角色，但就是这样一个人，却在一天晚上公司保险箱被偷时，与小偷进行了激烈地打斗，并最终抓住了小偷。事后，有人为他庆功并问他的动机时，答案出人意料。他说，当公司的总经理从他身旁经过时，总会赞美他"你扫的地真干净"。这么一句简简单单的话，就使这个员工受到了感动，并愿以性命报答。这也正合了我国的一句老话——"士为知己者死"。一位著名的女企业家曾说过："世界上有两件东西比金钱和性命更为人们所需——认可与赞美。"
　　或许有人以为光是赞美没有什么用，还不如发些奖金来得实在。然而他没有弄明白，赞美实际上是对一个人的内心和精神最大的奖励，那种受到肯定与赞美而带来的满足感，要远远超过金钱给人带来的快乐。

81. 对一个人价值的最好承认和重视是：
    A 为他庆功　　　　　　　B 真诚夸赞
    C 经常感谢　　　　　　　D 给他升职

82. 根据文章内容可以知道，清洁工人：
    A 保护了公司的财产　　　B 不满意自己的工作
    C 认为自己应该升职　　　D 希望得到大家的认可

83. 让工人感动的是总经理：
    A 关心他的身体　　　　　B 照顾他的家人
    C 肯定他的工作　　　　　D 考虑他的建议

84. 文中"士为知己者死"的意思是：
　　A 士兵在战场上要勇敢　　　　B 对待朋友一定要真诚
　　C 每个人都要有真正的朋友　　D 愿意为赏识自己的人献身

85. 这篇文章主要说明了：
　　A 赞美的力量　　　　　　　　B 如何表扬别人
　　C 不要轻视任何人　　　　　　D 怎样成为好领导

86—90.
　　有一位教授每天都得乘小船到对岸的大学讲学。这一天早上，他又乘小船，途中他忽然指着空中问划船的人："船家，你对天文学认识多少？"船家很惭愧地回答说："教授.我因为受教育不多,所以对天文学一无所知。"教授得意洋洋地说："天文学你不懂？那你已经失去了25％的生命了。"过了不久，教授又问："船家,那你对生物学认识多少呢？"船家更羞愧地回答："对不起,教授,我也不懂什么是生物学。"教授吃惊地说："连生物学你也不懂？那可以说你已经失去50％的生命了。"又过了不久，教授指着水中的水草问："那你到底知道不知道什么是植物学呢？"船家惭愧地连头也不敢抬,小声地答："我……我不知道。"教授忍不住大笑起来说："那可以说你已失去了75％的生命了！"

　　就在这时,忽然刮起了大风,天色大变,大雨骤来。小船在风浪中撞到了大石,船底破了一个洞。眼看小船就要沉没了,船家连忙准备跳水逃生,于是他便关心地问教授："那你会不会游泳？"教授已经吓得面无人色,他回答："我就是不会游泳啊！"船家很同情地说："那看来你马上就要失去全部的生命了。"说完他就跳水逃生去了。

　　一个人最大的价值并不在于他受过多高的教育,而是在于他有没有经得起生活中的风浪的技能。在经济不景气时,我们看见不少受过高深教育的会计师、工程师等因失去了工作而不知所措,前途未知,却不曾见过一名受过良好训练的推销人员手忙脚乱。学习的目的,不只是过上理想的生活,更重要的是让自己成为一个成熟、自信、经得起风浪的人。

86. 教授坐船去：
　　A 游玩　　　　　　　　　　　B 访友
　　C 上班　　　　　　　　　　　D 学习

87. 教授认为不懂生物学会失去多少生命?
    A 25%　　　　　　　　　　　B 50%
    C 75%　　　　　　　　　　　D 100%

88. 教授在乘船时遇到了什么情况?
    A 船家生气了　　　　　　　B 小船进水了
    C 忘了拿东西　　　　　　　D 船上的人太多

89. 人最大的价值是:
    A 社会地位的高低　　　　　B 个人收入的多少
    C 有真正的好朋友　　　　　D 能面对并解决困难

90. 作者认为要学习最重要的目的是:
    A 过上好的生活　　　　　　B 有个好工作
    C 变得成熟、自信　　　　　D 接受好的教育

# 三、书写

## 第一部分

第91—98题：完成句子。

例如：发表　　这篇论文　　什么时候　　是　　的

　　这篇论文是什么时候发表的？

91. 一　　本　　公园的　　杂志　　有　　椅子上

92. 办公室的钥匙　　了　　忘在家里　　我　　把

93. 明白了　　让　　道理　　这件事　　一个　　我

94. 为老年人　　是　　那种产品　　专门　　设计　　的

95. 吸引了　　求职者　　这场招聘会　　很多

96. 这件事　　必须　　谨慎　　处理　　非常

97. 一直到　　昨晚　　睡　　我　　一点　　才

98. 面临着　　危险　　那家商场　　倒闭　　的

# 第 二 部 分

第 99—100 题：写短文。

99. 请结合下列词语（要全部使用），写一篇 80 字左右的短文。

  冲突　　房东　　怪不得　　隔壁　　激烈

100. 请结合这张图片写一篇 80 字左右的短文。

# 答 案

## 一、听 力

### 第一部分

| | | | | |
|---|---|---|---|---|
| 1. B | 2. A | 3. A | 4. B | 5. A |
| 6. A | 7. C | 8. B | 9. D | 10. C |
| 11. D | 12. B | 13. D | 14. D | 15. A |
| 16. A | 17. A | 18. A | 19. C | 20. B |

### 第二部分

| | | | | |
|---|---|---|---|---|
| 21. D | 22. C | 23. C | 24. A | 25. C |
| 26. B | 27. B | 28. C | 29. B | 30. C |
| 31. D | 32. B | 33. B | 34. C | 35. A |
| 36. D | 37. A | 38. B | 39. D | 40. C |
| 41. A | 42. C | 43. A | 44. B | 45. A |

## 二、阅 读

### 第一部分

| | | | | |
|---|---|---|---|---|
| 46. B | 47. A | 48. C | 49. D | 50. A |
| 51. B | 52. C | 53. C | 54. B | 55. A |
| 56. B | 57. B | 58. D | 59. C | 60. C |

### 第二部分

| | | | | |
|---|---|---|---|---|
| 61. C | 62. D | 63. A | 64. C | 65. B |
| 66. C | 67. B | 68. B | 69. D | 70. C |

### 第三部分

| | | | | |
|---|---|---|---|---|
| 71. B | 72. D | 73. A | 74. C | 75. A |
| 76. A | 77. C | 78. A | 79. B | 80. C |
| 81. B | 82. A | 83. C | 84. D | 85. A |
| 86. C | 87. B | 88. B | 89. D | 90. A |

# 三、书 写

## 第一部分

91. 公园的椅子上有一本杂志。
92. 我把办公室的钥匙忘在家里了。
93. 这件事让我明白了一个道理。
94. 那种产品是专门为老年人设计的。
95. 这场招聘会吸引了很多求职者。
96. 处理这件事必须非常谨慎。
97. 我昨晚一直到一点才睡。
98. 那家商场面临着倒闭的危险。

## 第二部分
(参考答案)

99. 中午的时候,我正打算午休,隔壁突然传来激烈的争吵声。原来是房东想大幅度提高房租,这让租客非常不满,双方发生了冲突,快要打起来了,怪不得这么吵。看来我的午觉是睡不成了。

100. 这是一张全家合影。这只小狗就像他们的亲人一样,是家庭的重要一员。现在养宠物的家庭越来越多,特别是一些老人,由于子女不在身边或者忙于工作,他们经常感到寂寞,这时候饲养宠物能给他们带来一些精神上的安慰。

# 听力材料及听力部分题解

(音乐,30秒,渐弱)

大家好!欢迎参加HSK(五级)考试。
大家好!欢迎参加HSK(五级)考试。
大家好!欢迎参加HSK(五级)考试。

HSK(五级)听力考试分两部分,共45题。
请大家注意,听力考试现在开始。

# 第一部分

第1到20题:请选出正确答案。现在开始第1题:

1.

女:师傅,请问到平安保险公司怎么走?
男:你从这儿向前走,到第一个路口向右拐,那儿有个车站,坐101路公交车,终点站就是了。
问:女的在干什么?

A 找人　　B 问路　　C 坐车　　D 去上班

【题解】根据"请问到平安保险公司怎么走"可以知道,女的想去保险公司,但不知道怎么走,在向男的打听,她是在问路。正确答案是B。

2.

男:你昨天看的那个电影怎么样?最近新闻总是报道,应该不错吧?
女:我觉得如果不是有几个名演员,这片子根本就没人看,我一直看到最后都不知道这个电影到底想表达什么。
问:女的对这部电影有什么看法?

A 看不懂　　B 演员很差
C 画面很美　　D 非常精彩

【题解】根据"如果不是有几个名演员,这片子根本就没人看"可以知道,女的认为这部片子除了这几个名演员外,没什么值得看的,由此推断"非常精彩"、"画面很美"和"演员很差"都是错误的,而"我一直看到最后都不知道这个电影到底想表达什么"说明女的没有看懂这部电影。正确答案是A。

3.

女：张林，出差回来给我们带什么纪念品了？
男：别提了，这三天我光跑会场还忙不过来呢，哪儿还顾得上买纪念品？
问：男的主要是什么意思？

**A 自己没有时间**
B 没钱买纪念品
C 没有什么值得买
D 马上要去跑会场

【题解】根据"光跑会场还忙不过来"可以知道，男的这三天非常忙，"哪儿还顾得上买纪念品"这个反问句的意思是"顾不上买"，"顾不上"意思是没有时间（做某事）。由此可知，男的是说自己没有时间去买纪念品。正确答案是A。

4.

男：小姐，我什么时候可以回家啊？
女：一会儿医生就来查房了，你可以问问他，现在先来测一下你的体温吧。
问：女的最可能是什么人？

A 医生　　　　**B 护士**
C 教授　　　　D 清洁工人

【题解】根据对话内容中出现的"医生"、"查房"可以知道，男的现在在医院，女的是医院工作人员；"一会儿医生就来查房了"说明女的不是医生，而"测体温"是护士的日常工作之一。正确答案是B。

5.

女：你儿子报的那个英语辅导班怎么样？学习效果好不好？
男：我去听了两次，老师在课堂上模仿各种动物，和孩子们一起做游戏，然后再教词语，能很好地把孩子的积极性调动起来，感觉还不错。
问：对英语辅导班，男的有什么看法？

**A 上课方式比较特别**
B 收费标准定得太高
C 没有什么学习效果
D 老师上课不太认真

【题解】"老师在课堂上模仿各种动物，和孩子们一起做游戏，然后再教词语"，是上课的方式。这种上课方式"能很好地把孩子的积极性调动起来"，说明这种方式很有特点，效果明显。"感觉还不错"说明男的很认可这种方式。至于收费标准，男的根本没有提及。正确答案是A。

6.

女：你在大学里学的是建筑设计，为什么要来电脑公司找工作呢？

男：我虽然没有学电脑专业，但我一直非常喜欢研究电脑，高中时我就可以自己编程序、做网页，所以希望来贵公司能有更大的发展。

问：男的为什么到这个公司找工作？

**A 对电脑有兴趣**　B 公司待遇很好
C 专业学得很差　D 想学电脑知识

【题解】听力材料中男的说"我一直非常喜欢研究电脑"，由此可以知道他对电脑很有兴趣，而对话中并未提到待遇、专业学得好不好，所以 B 和 C 是错误的。根据"高中时我就可以自己编程序，做网页"可以知道，男的电脑水平很高，他去电脑公司找工作并不是想去学电脑知识，而是因为自己对电脑有兴趣。正确答案是 A。

7.

女：你把货款全都付清了吗？
男：我和王经理说好了，现在付一万八千，等货发过来，我检查过之后，再把剩下的三分之一汇给他。

问：男的总共应付给王经理多少钱？

A 九千块钱　　　B 一万八千块
**C 两万七千块**　D 三万六千块

【题解】这是一道数字题。根据"检查过之后，再把剩下的三分之一汇给他"可以知道，"现在付一万八"是全部货款的三分之二，由此推断，全部货款是两万七千块，问题问的是"男的总共应付给王经理多少钱"，即全部货款。正确答案是 C。

8.

女：你的论文写好了没有？明天就要交了。
男：我正着急呢，这段时间一直在忙，才写了三分之一。

问：男的论文写得怎么样了？

A 还没写　　　　**B 写了一小部分**
C 完成一大半了　D 现在正在修改

【题解】根据听力材料中"才写了三分之一"，可以推断男的并不是"还没写"，而是写了，但只写了"三分之一"，即一小部分，"才"在这里表示数量小。"正在修改"没有提及。正确答案是 B。

9.

女：李强，你给我重新装系统了吗？现在的速度很快啊。
男：你原来的那个杀毒软件不太好，我给你重新装了一个，把机子里的病毒杀了一下。

问：男的是怎么改变电脑速度的？

A 重新装了系统　　B 升级电脑软件
C 删掉一些程序　　**D 清除电脑病毒**

【题解】女的猜测电脑被"重新装了系统"，男的并未做肯定回答，因此 A 是错误的。男的说"你原来的那个杀毒软件不太好,我给你重新装了一个",可以知道软件并不是直接"升级",B也是不对的。男的回答中并未提及删除程序,C也可以排除。而"把机子里的病毒杀了一下"则可以说明,男的是用"清除电脑病毒"来改变机子速度。正确答案是D。

C 忘了给男的打电话
**D 要在家里照顾女儿**
【题解】根据"她不知道你的新手机号"可以知道,李玲是因为不知道电话号码才没给男的打电话,并不是忘了打,所以C是错误的。由"她女儿生病了,这次旅游她不打算去了"可以知道,李玲要在家里照顾女儿。正确答案是D。

10.

女:上午开会说了放假的事情没有?
男:开会没提放假的事,不过办公室已经通知了,五月一号开始放假,六号上班。
问:他们放几天假?

A 三天　B 四天　**C 五天**　D 六天

【题解】根据听力材料中"五月一号开始放假,六号上班"可以知道,一共放五天假。正确答案是C。

11.

男:李玲呢?不是说好九点集合的吗?
女:她不知道你的新手机号,所以昨天晚上给我打电话,让我转告你,她女儿生病了,这次旅游她不打算去了。
问:关于李玲,可以知道什么?

A 记错了出发时间
B 觉得旅游没意思

12.

女:经理不是说打算过了五一组织咱们出去旅游的吗?现在马上都六一了,怎么还不去啊?
男:那天他喝多了,我估计现在他根本就不记得自己说过这话了。
问:男的是什么意思?

A 经理的年纪太大了
**B 经理没想组织旅游**
C 经理的事情太多了
D 经理的酒量不太好

【题解】听力材料中,男的说经理许诺去旅游的那天"喝多了","估计现在他根本就不记得自己说过这话",也就是说男的认为去旅游是经理在喝醉的情况下说的话,不是真的要组织去旅游。正确答案是B。

13.

女:小王,你和他们先去吃饭吧,我想把这份报表做好再去。

男：等你做好这个，饭也该凉了，还是先吃饭吧，反正报表明天才交。

问：根据对话，下面哪项正确？

A 现在饭已经凉了
B 完成工作再去吃饭
C 男的可以帮助女的
**D 今天不需要交报表**

【题解】听力材料中"等你做好这个，饭也该凉了"说明"饭凉了"只是男的的一个假设，"先吃饭吧"说明男的希望女的吃完饭再工作，因此A和B是错误的。通过"报表明天才交"可以知道，今天不需要交报表。正确答案是D。

14.

女：爸，一会儿你要带妈妈下去晒晒太阳，去公园走走也行，不要老是在家里呆着。昨天办出院手续的时候，李主任还嘱咐，要经常让妈妈出去见见阳光，这样身体才恢复得快。

男：好了，我知道，你快去上班吧。

问：女的现在在哪儿？

A 医院  B 公司  C 公园  **D 家里**

【题解】根据听力材料中"昨天办出院手续"可以知道，妈妈现在已经出院回家了，女的也不在医院。"去公园走走也行"中的"去"说明女的现在不在公园。男的让女的"快去上班吧"，证明女的不

是在公司。由此可知，A、B和C都是错误的。正确答案是D。

15.

男：妈妈，我感觉我今天发挥得很一般，可能考得不好。

女：没关系，重在参与，而且妈妈让你去参加这次比赛，只是想让你感受一下，并没有要求你一定要拿奖回来。

问：女的对男的是什么态度？

**A 安慰**  B 生气  C 失望  D 怀疑

【题解】听力材料中男的认为自己没考好，女的说"没关系"，"没有要求你一定要拿奖回来"，这对男的是一种安慰。正确答案是A。

16.

女：小王跟你跑市场有一个月了，感觉他怎么样？

男：小伙子很聪明，工作能力也不错，但性格有些像女孩子，见了陌生人总觉得不好意思。

问：男的觉得小王哪儿不好？

**A 太害羞了**      B 不太听话
C 反应很慢        D 很爱打扮

【题解】关于小王，男的对他的评价是"性格有些像女孩子，见了陌生人总觉得不好意思"，由此可判断，男的认为小王太害羞了。正确答案是A。

17.

男：王姐，听说昨天晓东把女朋友带回家了，你忙坏了吧？感觉那女孩子怎么样？
女：什么啊，我儿子接到公司的临时通知，昨天一大早就去上海出差去了。
问：女的主要是什么意思？

**A 没见到那个女孩子**
B 自己觉得非常满意
C 儿子和对方分手了
D 儿子马上要去上海

【题解】听力材料中"昨天一大早就去上海出差"说明女的儿子昨天并没有把女朋友带回家，因此女的没有见到儿子的女朋友。正确答案是A。

18.

女：我不喜欢这个男演员，他的电影我一般都不看。
男：我觉得他的表演还可以啊，尤其是在这部电影里表现很出色，你先别急着否定，去看一看，我保证你不会后悔。
问：男的希望女的去干什么？

**A 看电影**　　　B 学表演
C 当演员　　　D 找导演

【题解】根据"他的电影我一般都不看"可以知道，女的不想去看某个演员的电影，而男的建议她"去看一看"，由此可以知道，男的希望女的去看这个演员的电影。正确答案是A。

19.

女：今天遇到什么好事了？怎么这么高兴？
男：下午王林从上海打电话来，和乐运公司的那个合同签下来了，我们这个月的任务可以提前完成。
问：男的为什么高兴？

A 要去上海旅游
B 领到很多奖金
**C 工作上很顺利**
D 受到了领导表扬

【题解】听力材料中男的告诉女的，他是因为"合同签下来"和"任务可以提前完成"而高兴，"任务提前完成"说明工作很顺利。正确答案是C。

20.

女：你和王强联系一下，问问他在那边的情况，和万达公司谈得怎么样了？
男：他上午打来电话了，和那边负责销售的部门经理接触了几次，价格方面还要等他们总经理从北京回去再细谈。
问：王强主要是什么意思？

A 准备先回来一下
**B 没和对方谈好价格**
C 要去北京找总经理
D 觉得对方态度不诚恳

【题解】根据"价格方面还要等他们总经理从北京回去再细谈"可以知道,王强和对方没有谈好价格。正确答案是B。

# 第二部分

第21到45题:请选出正确答案。现在开始第21题:

21.

男:你在网上买过东西没有?
女:买过啊,你看我今天穿的这件衣服,就是在网上买的,省得我大热天的去逛街了。
男:我总怕网上的东西质量不好,说不定我付了钱,对方不发货。
女:你可以找那些做得比较好的网店,买之前也可以看看其他人对商品的评价,至于像付了钱不发货这种情况,一般是不会发生的。
问:关于女的,下列哪项正确?

A 担心网购不安全
B 在网上开了一家店
C 向男的介绍自己的商品
**D 认为在网上购物很方便**

【题解】听力材料中女的说"像付了钱不发货这种情况,一般是不会发生的"说明她并不担心网购的安全问题。"我这件衣服就是在网上买的",说明她有过网购经历,并不是在网上开了店,因此A和B是错误的。通过"省得大热天去逛街"可以知道,女的认为网购非常方便。正确答案是D。

22.

女:上车后先把自己的行李放好,一共是三个包,下车的时候别忘了拿。
男:我又不是小孩子了,而且以前也自己出过远门,您就别担心了。
女:你爸昨天没买到卧铺,你上车后找列车员看能不能补到。
男:我知道了,您快回去吧,不然上班该迟到了。
问:他们最可能在哪儿?

A 机场        B 家里
**C 火车站**    D 公共汽车上

【题解】根据听力材料中"上车后"可以排除"机场"这个选项,"没买到卧铺""找列车员"可以排除"公共汽车",而男的说"您快回去吧",证明他们现在不是在家里。正确答案是C。

23.

男:这个笔记本还能再便宜一点儿吗?
女:已经够便宜的了,因为你说是张红介绍你来的,才给你打了八折,不然的话,这种牌子的笔记本都是卖八千五,一点儿都不能少的。

男：那好吧,能刷卡吗?
女：对不起,只能付现金,我们会送你一个电脑包和鼠标。
问：男的花了多少钱买电脑?

A 八千五　　B 七千五
**C 六千八**　D 五千八

【题解】这是一道数字题。根据听力材料中"这种牌子的笔记本都是卖八千五"和"给你打了八折"可以推断出,八千五的八折应该是六千八。正确答案是C。

24.

女：你怎么回来了?孩子怎么样?
男：只是被吓了一下,没什么大事,医生让留院观察一下,他妈妈在那儿呢。
女：你在医院看着他就是了,这边有我呢。
男：我得抓紧时间把这份报告赶出来,你不是说急要吗?
问：他们最可能是什么关系?

**A 同事**　B 夫妻　C 邻居　D 亲戚

【题解】根据听力材料中"抓紧时间把这份报告赶出来",说明男的从医院回来是为了完成工作,而这份报告是女的急着要的,说明男的和女的之间是工作关系,他们可能是同事。正确答案是A。

25.

男：你今天上午没课吧?
女：下午有一节,有事吗?
男：我今天没有课,咱们去看电影吧。
女：我哪儿有时间去看电影啊,你看,我拿了借书证,得去查资料,准备写论文。
问：女的要去哪儿?

A 教室　　　B 宿舍
**C 图书馆**　D 电影院

【题解】根据"借书证"、"查资料",可以知道女的是打算去图书馆。正确答案是C。

26.

女：你刚才介绍的那款电视机是可以连接电脑的吧?
男：那款不可以,这款红色的有上网功能。
女：这个价格呢?
男：比刚才那款贵四百块钱。
问：他们在谈论什么?

A 市场环境　　**B 家用电器**
C 科学技术　　D 日用百货

【题解】听力材料中有"那款电视机"、"这款红色的有上网功能",说明男的在向女的介绍几款电视机,在四个选项中,考生要在"日用百货"和"家用电器"中作出正确判断,电视机属于"家用电器"。正确答案是B。

27.

女：这就是你在网上订的那台洗衣机吗？
男：是啊，看看怎么样？
女：不错啊，比我家的那个洗衣机的功能还多呢，一千七？
男：加上运费一千七，而专卖店里这种洗衣机卖两千一呢。
问：男的为什么选择在网上买洗衣机？

A 保修期非常长
**B 价格比较便宜**
C 店主服务态度好
D 网上的款式好看

【题解】听力材料中男的并没有提到服务态度、保修期和款式，所以A、C和D都是错误的，男的买这台洗衣机"加上运费一千七"，而在专卖店要卖到"两千一"，因此可以知道男的认为在网上买比较便宜。正确答案是B。

28.

女：先生，您一共消费了二百三十七块。
男：麻烦你把桌子上剩下的菜帮我打包，这瓶果汁也帮我装在袋子里，另外再给我开一张发票。
女：好的，请稍等。
男：请快一点儿，我赶时间。
问：男的现在在哪儿？

A 超市　B 商场　**C 饭店**　D 咖啡馆

【题解】根据听力材料中"剩下的菜帮我打包，再给我开一张发票"，可以推断出这是顾客和饭店服务员的对话，因此可以知道男的是在饭店里。正确答案是C。

29.

女：我现在都想放弃参加这次比赛了。
男：为什么？
女：二十六号通知我，三十一号就比赛了，我到现在还什么都没有准备好呢。
男：还有两天呢，别着急。
问：女的为什么不想参加比赛？

A 觉得自己状态不好
**B 认为准备时间太少**
C 其他对手能力太强
D 感觉身体很不舒服

【题解】听力材料中"二十六号通知我，三十一号就比赛了"，说明女的认为通知她太晚了，没有时间准备，因此不想参加这次比赛了。正确答案是B。

30.

男：这雨来得可真快，还下得这么大。
女：那你就该找个地方躲一躲，看你全身上下没有一点儿干的地方了。

> 男：我想快点儿走,说不定能在下雨之前赶回来,没想到下得这么快。
> 女：这是雷阵雨,来得快,快把湿衣服换下来吧,不然会感冒的。
> 问：男的怎么了?

A 感冒了　　B 伞丢了
**C 湿透了**　　D 受伤了

【题解】女的说男的"看你全身上下没有一点儿干的地方了",由此可以知道,男的现在全身湿透了。要注意的是"不然会感冒的"只是不脱掉湿衣服可能会造成的一种后果,并不是现在就感冒了。正确答案是C。

第31到32题是根据下面一段话：

> 临近下班,停下手中的活儿,我长长地出了一口气:"唉!痛苦!"同事问:"你有什么痛苦的?"我说:"我现在的痛苦具体表现在两个方面:其一,单位工作压力大;其二,家里孩子太调皮,烦人。所以,每天早上我就怕上班,想到工作就会痛苦;每天晚上又怕下班,想到调皮的孩子也痛苦。"同事白了我一眼:"那要是让你哪儿都好,到单位就数钱,你舍不得回家,到家里孩子乖得出奇,你舍不得去上班,那你更痛苦。"
> 于是众人便笑,我也笑,还真是这么个情况呢。

> 同事说:"其实你可以反过来想一想,下班时你想,终于不用面对单位的压力了,真幸福;上班时你就想,终于可以不被调皮的孩子闹着,真幸福。"
> 这么一说,还真的挺有道理。同样的事情,只是反过来想了一下,就感觉到了幸福。

**31. 什么让我觉得痛苦?**

　　A 孩子身体差　　B 被领导批评
　　C 家务非常多　　**D 工作不轻松**

【题解】由听力材料中"单位工作压力大","家里孩子太调皮,烦人"可知,"我"的痛苦在于工作和孩子,由此C选项可排除。关于孩子,让"我"痛苦的是"太调皮",并不是身体不好,工作上并没提及"被领导批评",所以A和B是错误的,与"压力大"相反的是"轻松"。正确答案是D。

**32. 同事给了我什么建议?**

　　A 辞职回家　　**B 换个想法**
　　C 找人帮忙　　D 换个单位

【题解】根据听力材料中"其实你可以反过来想一想"可以知道,同事劝我换一个角度看问题,换一种想法就不会觉得痛苦了,正确答案是B。

第 33 到 35 题是根据下面一段话：

> 有一位非常著名的儿童文学作家,他的作品深受广大读者的欢迎,一直被人们称为天才作家。有一次,他和另外几位著名作家一起出席现场签售会,许多读者将他围住,一个十一二岁的中学生从人群中挤到他身边,让他在自己的笔记本上签名。他认真地签下了自己的名字,但那个学生看过签名之后却说:"对不起! 签错了,我找的不是你,是另一位作家。"一时间,作家不知道说什么好,一位助手轻轻地对他说:"先生,请不要在意。"作家回答说:"我当然在意,但我在意的不是孩子,而是我自己。现在我明白了,别太把自己当回事。我们所看重的那个人,对于别人,可以是金子,也可以是没有价值的石子,我不能期望每个人都把我看得很重要,那样会令自己失望……"

**33.** 关于这位作家,可以知道什么?
　　A 非常年轻　　**B 很有才华**
　　C 十分骄傲　　D 不善言谈

【题解】听力材料中对这位作家的描述是"一直被人们称为天才作家",由此可以知道他是个很有才华的人。选项 A 是个干扰项,这位作家写的是儿童读物,但不代表他就一定很年轻。正确答案是 B。

**34.** 中学生拿到签名后是什么反应?
　　A 激动　　　　B 愤怒
　　**C 遗憾**　　　D 害羞

【题解】听力材料中"但那个学生看过签名之后却说:'对不起! 签错了,我找的不是你,是另一位作家。'"说明这个学生希望得到的并不是这位作家的签名,他发现自己找错人了,会觉得很遗憾。正确答案是 C。

**35.** 作家最后一段话主要是什么意思?
　　**A 要放低自己的位置**
　　B 以后不签名售书了
　　C 这个孩子很没礼貌
　　D 以后要更加地努力

【题解】由"我明白了,别太把自己当回事,我不能期望每个人都把我看得很重要"可以知道,作家通过这一事件,明白自己不能期望每个人都崇拜自己,不能把自己的位置放得太高,正确答案是 A。

第 36 到 38 题是根据下面一段话：

> 初唐著名诗人陈子昂年轻时,离开老家到京都洛阳。虽然他才华出众,诗文写得很好,却无人赏识。一天,他花了高价从一位老者那里买下一把琴,并对周围的人说:"我叫陈子昂,明天早上,我在住所为大家弹这把琴,请大家指教。"第二天一早,去到他那里听琴

的人很多。陈子昂取出琴，突然使劲一摔，一下子就把琴摔坏了。正当人们吃惊时，陈子昂高声说道："我陈子昂从小饱读诗书，熟知经史，不想来到京都却受到冷遇，今日不过是以琴为由，想请各位观看我的诗文。"说完，从箱中取出几本诗集，分给大家。人们读后，大加赞赏，从此，陈子昂的名字传遍了洛阳城。陈子昂之所以敢于这么做，就是因为他对自己的诗文有自信，金子在哪里都能够发光。

**36.** 根据上文，关于陈子昂，可以知道什么？

A 老家在洛阳　　B 琴弹得很好
C 家里很富有　　**D 非常有才华**

【题解】根据听力材料中"虽然他才华出众，诗文写得很好"可以知道，陈子昂是个非常有才华的人。"出众"即超出众人之上，比别人都强的意思。正确答案是D。

**37.** 陈子昂买琴的目的是什么？

**A 引起大家注意**
B 帮助贫困老人
C 得到别人表扬
D 用弹琴来挣钱

【题解】由"一下子就把琴摔坏"可以知道，陈子昂不是打算"用弹琴来挣钱"，或是"得到别人表扬"，由"今日不过是以琴为由，想请各位观看我的诗文"可

以证明，陈子昂只是想通过琴把大家吸引到自己那儿。正确答案是A。

**38.** 陈子昂是因为什么出名的？

A 琴艺　　　　**B 诗文**
C 勇气　　　　D 财富

【题解】根据"人们读后，大加赞赏，从此，陈子昂的名字传遍了洛阳城"可以知道，大家是看了陈子昂的诗之后才知道他是个有才华的人，所以他是因为诗文出名的。正确答案是B。

第39到42题是根据下面一段话：

一位衣着华丽的贵妇人住在花园环绕的宾馆里，她的司机每天上午十一点钟前来接她。一天，她正准备上车，忽然注意到马路对面的长条椅上坐着一个衣衫破旧的男子，正一动不动地看着宾馆。第二天他还在那儿，第三天，第四天……每天如此，这引起了贵妇人的好奇。这天，她让司机稍等片刻，自己穿过马路朝那个男子走去。

"我只想知道你为什么每天这样看着宾馆？"穷汉苦笑着说："夫人，我没有钱，我活得很失败，如果警察不赶我，我就睡在这张椅子上。我梦想着有一天，哪怕只有一次，能在这座漂亮的宾馆里过上一夜。"贵妇人高兴地说："今天晚上你的梦想就能实现，我将开宾馆里

最好的房间让你过夜。"

第二天早上，贵妇人邀请穷汉共进早餐。"昨晚你睡得怎样？"

穷汉面带失望："我绝不会再来，昨晚还不如我在椅子上睡得好。"

"天哪，怎么回事儿？你觉得床不够舒适、不够温暖吗？"

"不是那么回事儿。你知道吗？睡在椅子上时，我能梦见宾馆里舒适的软床，可是昨夜睡在宾馆里，我一整夜都梦见自己睡在公园的长椅上。"

**39.** 关于这位贵妇人，下列哪项正确？
  A 给了穷汉一大笔钱
  B 家里有个很大的花园
  C 每天十一点都去宾馆
  **D 和穷汉一起吃了顿饭**

【题解】根据听力材料中"住在花园环绕的宾馆里"可以知道，贵妇人住的宾馆环境很好，并不是说家里有个很大的花园，由"她的司机每天上午十一点前来接她"可以知道，她是每天这个时候离开宾馆，因此选项 B 和 C 是错误的。通过"贵妇人邀请穷汉共进早餐"可以知道，贵妇人请穷汉一起吃了一顿饭，正确答案是 D。

**40.** 穷汉想做什么？
  A 能有一所漂亮的房子
  B 和贵妇人一起吃早饭
  **C 体验在宾馆睡觉的感觉**

  D 有一张舒适又温暖的床

【题解】根据听力材料中"我梦想着有一天，哪怕只有一次，能在这座漂亮的宾馆里过上一夜"可以知道，穷汉希望能在宾馆里住一夜。正确答案是 C。

**41.** 贵妇人为穷汉做了什么事？
  **A 付了房费**          B 买新衣服
  C 送了辆车           D 买了房子

【题解】听力材料中"我将开宾馆里最好的房间让你过夜"可以证明，贵妇人为了帮穷汉实现梦想，帮他付了一夜的房费。正确答案是 A。

**42.** 穷汉为什么会觉得失望？
  A 宾馆环境不好
  B 服务员不热情
  **C 没想象中的好**
  D 今晚要睡公园

【题解】根据听力材料中"昨夜睡在宾馆里，我一整夜都梦见自己睡在公园的长椅上"可以知道，穷汉在宾馆里的体验并不好，睡不踏实，他觉得在宾馆里睡觉并不像自己想象中的那样好，因此感到失望。正确答案是 C。

第 43 到 45 题是根据下面一段话：

一个小男孩儿和一个小女孩儿在一起玩儿。小男孩儿收集了很多石头，小女孩儿有很多糖果。小男孩儿想用所有的石头与小女孩儿的糖果做个交换。小女孩儿同意了。

> 小男孩儿偷偷地把最大和最好看的石头藏了起来,把剩下的给了小女孩儿。而小女孩儿则如他们事先说好的那样,把所有的糖果都给了小男孩儿。那天晚上,小女孩儿睡得很香,而小男孩儿却睡不着觉,他始终在想小女孩儿是不是也跟他一样藏起了很多糖果。

**43.** 小男孩儿希望怎么样?

**A** 和女孩儿换东西

B 成为女孩儿的好朋友

C 得到女孩儿的一块糖果

D 请女孩儿帮自己收集石头

【题解】听力材料中"小男孩儿想用所有的石头与小女孩儿的糖果做个交换"可以说明,男孩儿希望和女孩儿换东西。正确答案是A。

**44.** 男孩儿是怎么做的?

A 把石头全都给了小女孩儿

**B** 把自己喜欢的石头留下了

C 四处去寻找漂亮的石头

D 和女孩儿一起分享了糖果

【题解】根据"小男孩儿偷偷地把最大和最好看的石头藏了起来,把剩下的给了小女孩儿"可以知道,男孩儿并没有像事先说好的那样做,他把自己喜欢的又大又好看的石头留下了。正确答案是B。

**45.** 男孩儿为什么睡不着觉?

**A** 一直在怀疑小女孩儿

B 非常想念小女孩儿

C 在后悔自己的做法

D 因为吃糖导致牙疼

【题解】根据"他始终在想小女孩儿是不是也跟他一样藏起了很多糖果",可以知道,小男孩儿睡不着的原因是他在怀疑小女孩儿也像他一样没有拿全部的糖果来交换。正确答案是A。

听力考试现在结束。

# 阅读部分题解

## 第一部分

第46—60题:请选出正确答案。

46—48.

> 一位著名的作家曾在一篇文章里谈到他在沙漠地区吃西瓜的事情。吃完了西瓜,他顺手将瓜皮向远处用力地__46__去——这里是不会有人罚款的。可让他万万没想到的是,卖西瓜的那个人却跑过去把他丢弃的瓜皮捡回来,然后反过来放在路边,说这样放可以__47__保持西瓜皮的水分,万一后面有意外断了水的人,西瓜皮可解他们的一时之急。他还说:"这是__48__。"

46. A 吐  **B 甩**  C 踢  D 挥
【题解】因为对象是西瓜皮,所以首先排除A项"吐";吃完西瓜顺手做的动作应该和手有关,因此排除C项"踢";D项"挥"有"挥舞"的意思,表示举着手臂连同拿着的东西一起摇动,也可以表示用手把眼泪、汗珠儿等抹掉;B项"甩"表示挥动、往外扔。根据文章,作家吃完西瓜要扔西瓜皮,因此本题选择B项。

47. **A 尽量**  B 始终  C 完整  D 一直
【题解】在沙漠,西瓜皮会慢慢失去水分,因此B项、C项和D项都不正确。卖西瓜的人把西瓜皮反过来放,是为了使西瓜皮能保持较多的水分,本题选择A项。

48. A 规律  B 规则  **C 规矩**  D 规定
【题解】A项"规律"是客观存在的事物之间的本质联系,文章中卖西瓜的人的做法不是客观的联系,A项首先排除;B项"规则"是规定出来供大家共同遵守的制度或章程,如比赛规则、游戏规则等;C项"规矩"比喻一定的标准或习惯;D项"规定"是对某一事物作出关于方式、方法或数量、质量的决定,主体多是在一定范围内掌握权力的,如父母、学校、政府等。根据文章,没有人规定必须把西瓜皮反过来放,因此排除B项和D项,选择C项,表示一定的习惯,把西瓜皮反过来放应该是在沙漠生活的人的普遍做法。

49—52.

> 小时候,我的小脑瓜里不时地__49__出许多美丽的想法,可最后都落空了。为此,我感到很苦恼。
> 一次,父亲问我:"空气在静止的__50__下叫什么呢?"

"叫空气。"我说。

"如果空气动一动,又叫什么呢?"父亲继续问。

"还叫空气。"我立刻回答道。

"不对。空气动一动,就叫风了。"父亲说,"空气稍稍一动,就改变了原来的状态,就改变了自己的现状, 51 拥有了自己新的名词和新的生命——风。一个人的梦想不管多么美丽,如果光想不动,没有实际的行动,那永远只能是梦想,只有行动起来, 52 。"

49. A 飘　B 露　C 流　**D 冒**

【题解】A项"飘"表示随风摇动或飞扬;B项"露"表示原来看不见的变成看得见的;C项"流"表示液体或气体移动;D项"冒"表示向上升、向外透。文中的"想法"不是液体或气体,首先排除C项;"想法"不是实体,不能在风中活动,排除A项;"想法"不是本来存在但看不见的,而是后来出现的,因此排除B项,选择D项,"冒出想法"等也是常用搭配。

50. **A 状态**　B 现象　C 规则　D 状况

【题解】A项"状态"表示人或事物表现出来的形态;B项"现象"表示事物在发展变化中所表现的外部形态和联系;C项"规则"表示规定出来供大家共同遵守的制度或章程,如比赛规则;D项"状况"表示事物呈现出的样子,如生活状况。根据文章,父亲问空气静止的时候叫什么,空气静止不是现象,也不是规则,B项和C项首先排除。A项"状态"和D项"状况"都可以表示事物的样子,但是A项强调外部形状或变化的形式,D项强调情况,文章中说到空气的静止和运动,这是变化的形式,因此本题选择A项。

51. A 所谓　**B 从而**　C 未必　D 始终

【题解】A项"所谓"是属性词,表示所说的;B项"从而"是连词,"从而"的上文是原因、方法等,下文是结果、目的等;C项"未必"是副词,表示不一定;D项"始终"是副词,表示从开始到最后。根据文章,空气改变了状态、改变了现状就拥有新生命是一定的,因此首先排除C项。空气静止时是空气,空气运动时是风,静止和运动是变化的,不能从开始到最后一直保持,因此排除D项。空气的状态改变、现状改变是空气成为风的原因,因此本题选择B项,上下文是因果关系。

52. A 你才能有更多的想法
　　B 才能得到别人的尊重
　　**C 梦想才可能成为现实**
　　D 你才能开始新的人生

【题解】文章用空气来比喻,空气静止时没有改变,说明只有梦想,没有实际的行动,那永远只能是梦想;空气运动时有了新生命,说明有行动,情况就会发生改变,C项符合题意。上文说"没有行动,梦想只是梦想",下文说"只有行动起来"是相反的情况,只有C项"梦想才有可能成为现实"与之对应。而且,文章的中心意思是梦想,A项、B项和D项也可以排除。

53—56.

我有一个朋友在某集团公司做部门经理。有一次,一位客户经他手签了一个大单,赚了不少钱,为了表示感谢,这位客户 __53__ 送了一份贵重的礼物给我的朋友。朋友想拒绝, __54__ ,于是他高兴地收下了。随即,朋友请这位客户小坐一会儿,然后他拿着礼物转身去了里间的更衣室。没多久,朋友从更衣室里走出来,手里拿着一份精心包装过的礼物,他对这位客户说:"朋友之间就应该礼尚往来,这份小小的礼物,也请你务必收下。"话说到这个份儿上,客户没了 __55__ 的理由,只好收下了。这位客户回到家后,拆开朋友送给他的礼物。他原以为一定是不值钱的东西,谁知里面竟是他送给朋友的那份礼物。这位客户从心底 __56__ 朋友的做法,并与朋友建立了长期的合作关系。

有时候,拒绝别人就是这么简单,只要你给它加上一层精美的包装,不仅不会伤害到别人,反而会赢得别人的尊重。

53. A 特别　B 专心　**C 特意**　D 故意
【题解】A项"特别"表示与众不同;B项"专心"表示集中注意力;C项"特意"表示专为某件事;D项"故意"表示有目的、有意识地,多为贬义,首先排除。送礼物不需要集中注意力,因此排除B项。A项"特别"也有"特意"的意思,但是"特别"强调与众不同,"特意"强调有专门的目的,因此C项更符合题意。

54. A 却怕弄坏了这份礼物
　　**B 但又不想让对方失望**
　　C 可自己很喜欢这个东西
　　D 又希望能送对方一份礼物
【题解】根据下文,作者用朋友的故事来说明拒绝的时候加一层精美的包装,不会伤害到别人,可以知道朋友是想拒绝客户的礼物的,但是他收下了,是因为不想伤害客户,本题选择B项,而A项、C项和D项与内容无关。

55. **A 推辞**　B 反对　C 承认　D 否定
【题解】A项"推辞"表示拒绝邀请、礼物等;B项"反对"表示不赞成、不同意;C项"承认"表示肯定、同意、认可;D项"否定"表示不承认事物的存在或事物的真实性。根据文章,朋友送了客户礼物,客户收下了,所以本题选择A项。

56. A 尊敬　**B 佩服**　C 服从　D 赞美
【题解】A项"尊敬"表示重视而且恭敬地对待,多是下级对上级,年轻对年长;B项"佩服"表示感到可敬而心服;C项"服从"表示依照别人的意思行动;D项"赞美"表示用言语表达对人或事物优点的喜爱。客户和朋友显然不是上下级关系,文章也没有说明客户和朋友的年纪,A项"尊敬"不合适;客户不会依照朋友的意思去做事,C项排除;客户没有用言语表达他的感觉,D项不符合文意。本题选择B项。

57—60.

　　沈从文是我国现代著名作家,他出生在湖南省凤凰县的一个农户家庭。小时候,沈从文特别喜欢看戏,常常因为看戏而____57____了读书。

　　有一天上午,沈从文从学校里偷偷____58____出来,一个人到村子里去看戏,一直看到太阳落山,他才回到学校。第二天刚进校门,老师就非常生气地责问他为什么逃学。他羞红了脸,答不上来。老师批评他:"大家都在用功读书,你却偷偷跑去看戏。我虽然批评你,可这也是为了你好。____59____,才能得到别人的尊重。"老师的话,使沈从文感动得流下了眼泪。他暗暗下定决心,一定要记住这次____60____,做一

个受人尊重的人。此后,沈从文一直严格要求自己,长大后成了著名的作家。

57. A 推辞　**B 耽误**　C 取消　D 删除
【题解】A项"推辞"表示拒绝邀请、礼物等;B项"耽误"表示因拖延或错过时机而误事;C项"取消"表示使原有的制度、规章、资格等失去效力;D项"删除"表示去掉文辞中的某些字句。根据文章,沈从文因为看戏而错过上课,"上课"不是邀请,也不是字句,A项和D项排除。本题选择B项。

58. A 滚　B 爬　C 游　**D 溜**
【题解】D项"溜"表示偷偷地走开或进入,根据文章,沈从文不上课一定不想让老师知道,是偷偷地走的,因此本题选择D项。

59. A 你只有尊重老师
　　B 你要是好好学习
　　**C 一个人只有尊重自己**
　　D 一个人假如有真本领
【题解】老师说话的重点是"尊重",根据上下文,本题应该选择能得到别人尊重的原因,C项和D项更合适。根据下文中的"才能",本题选择C项,构成"只有……才"的句型。

60. A 批评　B 责备　**C 教训**　D 吵架
【题解】A项"批评"和B项"责备"的意

思相同,两项都可以排除。老师批评了沈从文,不是吵架,排除D项。C项"教训"做名词表示从错误或失败中取得的知识。根据文章,沈从文做错了,被老师批评了,但是经过这次事情之后,他决定要做一个受人尊重的人,严格要求自己,也就是说,他知道了怎么做是对的,这是他从错误中得到的知识,C项正确。

# 第二部分

第61—70题：请选出与试题内容一致的一项。

61.

陕西历史博物馆，被誉为"古都明珠，华夏宝库"，是位于陕西西安的一座国家级综合性历史类大型博物馆，筹建于1983年，1991年6月20日落成开放。馆藏文物370,000余件，上起远古人类初始阶段使用的简单石器，下至1840年以前社会生活中的各类器物，时间长达一百多万年。

A 只有陕西历史博物馆有古代石器
B 陕西历史博物馆是1983年建成的
**C 陕西历史博物馆里没有1840年后的展品**
D 陕西历史博物馆是最大的国家级博物馆

【题解】短文没有提到只有陕西历史博物馆有远古石器，A项不正确；陕西历史博物馆是1983年准备开始建的，是1991年建成的，B项不正确；陕西历史博物馆的展品下至1840年以前，也就是说没有1840年以后的，C项正确；短文没有提到陕西历史博物馆是最大的，D项不正确。

62.

赛里木湖，古称"净海"，位于中国新疆北天山山脉中，是一个风光秀美的高山湖泊。赛里木湖海拔2071.9米，东西长30公里，南北宽25公里，面积453平方公里，平均水深46.4米，最深处达106米，蓄水量210亿立方米，是新疆海拔最高、面积最大的高山冷水湖。

A 赛里木湖现在也叫净海
B 赛里木湖水深46.4米
C 赛里木湖是新疆最大的湖
**D 赛里木湖是新疆最高的冷水湖**

【题解】赛里木湖古称"净海"，现在不叫净海，A项不准确；赛里木湖平均水深46.4米，B项不正确；赛里木湖是新疆最高、面积最大的高山冷水湖，C项不正确，D项正确。

63.

银杉，是三百万年前第四纪冰川后残留下来，并保留至今的植物。远在地质时期的新生代第三纪时，银杉曾广泛分布于北半球的亚欧大陆，在德国、波兰、法国及俄罗斯曾发现过它的化石。现在银杉是中国特有的世界珍稀物种，和水杉、银杏一起被誉为植物界的"国宝"，是国家一级保护植物。

**A 银杉有三百万年的历史**

B 银杉广泛分布在亚欧大陆
C 水杉是国家一级保护植物
D 中国和欧洲发现过银杉化石

【题解】银杉是三百万年前残留至今的植物,A 项正确;银杉曾广泛分布在亚欧大陆,现在是中国特有的物种,B 项不正确;银杉是国家一级保护植物,水杉是不是文中没提到,C 项不准确;一些欧洲国家发现过银杉化石,没有提到中国发现化石,D 项不正确。

64.

> 石漠化是"石质荒漠化"的简称,分布相对比较集中,主要发生于坡度较大的坡面上,以轻度、中度为主。以云贵高原为例,石漠化面积占全国石漠化总面积的 53.4%,发生在 16 度以上坡面上的石漠化面积占总面积的 84.9%,轻度、中度石漠化土地占总面积的 73.2%。

A 石漠化只发生于坡面
B 很多地方有石漠化现象
**C 云贵高原的石漠化面积最大**
D 重度石漠化发生在坡度大的坡面

【题解】石漠化主要发生于坡度较大的坡面,不是只发生在坡面,A 项不准确;B 项短文没提到;云贵高原的石漠化面积占全国石漠化总面积的 53.4%,说明云贵高原的石漠化面积最大,C 项正确;石漠化主要发生在坡度较大的坡面,不能说明重度石漠化发生在这样的

地区,D 项不正确。

65.

> 《马可·波罗游记》是 1298 年意大利著名商人和冒险家马可·波罗写的其东游的见闻。该书是世界历史上第一个将地大物博的中国向欧洲人作出报道的著作,它记录了中亚、西亚、东南亚等地区的许多国家的情况,而其重点部分则是关于中国的叙述。这些叙述在中古时代的地理学史、亚洲历史、中西交通史和中意关系史等方面,都有着重要的历史价值。

A 《马可·波罗游记》是一本旅游书
**B 《马可·波罗游记》是作者自己的故事**
C 《马可·波罗游记》是意大利作家写的
D 《马可·波罗游记》是第一部介绍中国的书

【题解】《马可·波罗游记》不是简单的旅游书,A 项不正确;《马可·波罗游记》是作者马可·波罗写的自己东游的见闻,B 项正确;马可·波罗不是作家,是商人和冒险家,C 项不正确;《马可·波罗游记》是第一部向欧洲人介绍中国的书,D 项不准确。

66.

> 水墨画是绘画的一种形式,更多时候,水墨画被视为中国传统绘

> 画,也就是国画的代表。基本的水墨画,以中国画特有的材料之一——墨为主要原料,加以清水的多少形成浓、淡、干、湿等状态,可以画出黑、白、灰等层次。进阶的水墨画,也有工笔花鸟画,色彩缤纷,有时也称为彩墨画。

A 水墨画就是国画
B 水墨画主要是山水画
**C 彩墨画是水墨画的一种**
D 水墨画只有黑、白、灰三色

【题解】水墨画被视为国画的代表,A项不正确;B项短文没提到;进阶的水墨画色彩缤纷,有时也称彩墨画,C项正确;基本的水墨画只有黑、白、灰,进阶的水墨画可以色彩缤纷,D项不正确。

67.

> 丈夫经常在妻子面前骂老板无能,弄得公司快倒闭了,连奖金都发不出。一天同事来家里做客,听到他骂老板,十分吃惊,悄悄问:"你不是每个月都领了奖金吗?怎么……"他连忙打断同事的话,小声说:"不骂老板,我和你们喝酒的钱谁出?"

A 丈夫觉得老板很无能
**B 妻子不知道丈夫有奖金**
C 同事知道丈夫常常骂老板
D 丈夫没有钱和同事一起喝酒

【题解】丈夫骂老板无能是不想让妻子知道他有奖金,老板未必真的无能,A项不正确;丈夫在家说公司发不出奖金,同事来的时候"悄悄问",丈夫小声说,都说明妻子并不知道丈夫有奖金,B项正确;同事听到丈夫骂老板,十分吃惊,说明同事不知道丈夫常常骂老板;妻子不知道丈夫有奖金,因为丈夫要用这些钱跟同事们喝酒,D项不正确。

68.

> 卫星云图是由气象卫星自上而下观测到的地球上的云层和地表特征的图像。利用卫星云图可以识别不同的天气系统,确定它们的位置,估计其强度和发展趋势,为天气分析和天气预报提供依据。在海洋、沙漠、高原等缺少气象观测台站的地区,卫星云图所提供的资料,对提高预报准确率起了重要作用。

A 以前的天气预报不准确
**B 利用卫星云图可以预报天气**
C 海洋、沙漠等地区没有气象观测站
D 卫星云图是气象卫星观测到的天气图像

【题解】卫星云图提高了天气预报的准确率,但不能说以前的天气预报不准确,A项不正确;卫星云图是天气分析、天气预报的依据,说明利用卫星云图可以预报天气,B项正确;海洋、沙漠等地区缺少气象观测站,不是没有,C项不正确;卫星云图是气象卫星观测到的云层和地表特征的图像,D项不正确。

69.

　　世界大学生运动会简称大运会,素有"小奥运会"之称,始办于1959年,由国际大学生体育联合会主办。1959年,第一届世界大学生运动会在意大利都灵举行,中国曾经派出4名选手参加。1975年,中国被接纳为国际大学生体育联合会正式会员。2001年,第21届世界大学生运动会在北京开幕。2011年深圳大运会于8月12日开幕,中国获得75金,创造了新纪录。

A 每届大运会在不同的国家举办
B 国际大学生体育联合会决定举办城市
C 1975年中国第一次参加大学生运动会
**D 2011年大运会上中国的金牌是历史上最多的**

【题解】A项是常识,但和短文无关,A项不正确;大运会由国际大学生体育联合会主办,但短文没有提到具体的工作,B项不正确;中国的运动员参加过第一届大运会,C项不正确;2011年中国的金牌创造新纪录,"新纪录"说明是以前没有达到,这次是最多的,D项

正确。

70.

　　中国电视剧飞天奖,原名"全国优秀电视剧奖",是中国电视剧最高"政府奖",创办于1980年,于1981年开始评奖,每年举办一届,2005年改为两年一届。除第十七届在郑州举行、第十九届在长沙举行之外,其他各届都在北京举办。今年8月25日,第28届颁奖典礼将在国家体育馆举行。

A 飞天奖每两年举办一届
B 飞天奖从1980年开始评奖
**C 今年的飞天奖会在北京举行**
D 飞天奖是中国电视剧最高奖项

【题解】飞天奖开始每年举办一次,2005年改为两年一届,A项不正确;飞天奖创办于1980年,1981年开始评奖,B项不正确;飞天奖只有两届不在北京举行,就是说今年的飞天奖还是在北京举行,C项正确;飞天奖是中国电视剧最高的"政府奖",D项不准确。

44

# 第 三 部 分

第71—90题：请选出正确答案。

71—75.

古代有一位皇帝，一天晚上做了一个梦，梦见自己满嘴的牙都掉了。于是，他就找了两位解梦的人。皇帝问他们："为什么我会梦见自己满口的牙全掉了呢？"第一个解梦的人就说："皇上，梦的意思是，(71)在你所有的亲属都死去以后，你才能死，一个都不剩。"(72)皇上一听，龙颜大怒，叫人打了他一百大板。第二个解梦人说："至高无上的皇上，梦的意思是，您将是您所有亲属当中最长寿的一位呀！"皇上听了很高兴，便拿出了一百个金币，赏给了第二位解梦的人。

同样的事情，同样的内容，为什么一个会被打板子，另一个却受到嘉奖呢？"一句话说得人笑，一句话说得人跳。"关键就看你能不能把话说得巧妙。(73)这里所谓的巧妙指的就是能够说出最善解人意或最贴切的话。要达到巧妙的境界，就必须对周围的人事十分敏感，并掌握说话的技巧，随时都能果断地表达自己的意思，(74)而且重点是不能引起他人的反感。用这种技巧来处理麻烦的情况或人

际关系，你自然会令人感觉"如坐春风"，而不是"言语可厌"。

**71.** 两个解梦人所说的意思：
  A 完全相反
  **B 其实一样**
  C 小部分相同
  D 大部分一样

【题解】根据文章，第一个解梦人说"在你所有的亲属都死去以后，你才能死"，第二个解梦人说"您将是您所有亲属当中最长寿的一位"，这两种说法是一样的意思，都是说皇帝是最后一个死去的，B项正确。

**72.** 第一个解梦人为什么会被打？
  A 没有礼貌
  B 长得难看
  C 非常爱财
  **D 不会说话**

【题解】两个解梦的人说的意思是一样的，但是第一个人被打了，是因为他说的话让皇帝生气了，本题选择D项，表示说话没有技巧。

**73.** 说话巧妙是指：
  **A 让听者很高兴**
  B 可以得到好处
  C 要不符合实际

45

D 得交到更多朋友

【题解】根据文章,巧妙指的是"能够说出最善解人意或最贴切的话",善解人意表示理解别人,也就是说能为别人着想,那么听话的人自然会高兴,本题选择A项。

**74.** 要做到说话巧妙的重点是什么?

　　A 注意力要集中
　　B 善于观察情况
　　**C 不让对方讨厌**
　　D 完全表达自己

【题解】根据文章,说话巧妙的重点是不能引起对方的反感,"反感"表示不喜欢、讨厌,因此说话巧妙的重点是不让对方讨厌,C项正确。

**75.** 最适合这段话的题目是:

　　**A 如何"说话"**
　　B 伴君如伴虎
　　C 怎样交朋友
　　D 麻烦的人际关系

【题解】这段话的主要内容是巧妙的说话,A项中"如何"表示"怎么",也就是说话的方法,因此本题选择A项。

76—80.

　　有一次,小王要坐火车去外地开会,但事先没有买好车票。这时刚好是元旦前夕,到外地去度假的人很多,因此火车票很难买到。小王打电话到车站询问,(76)答复是全部车票已经卖完。如果不怕麻烦,可以到车站碰碰运气,看是否有人临时退票。车站工作人员还特别强调一句:(77)这种机会或许只有万分之一。

　　小王提着行李赶到车站。等了好久,一直没有人退票,小王仍然耐心等待。就在最后五分钟的时候,一个女人匆忙来退票,因为她家有急事,只得改期。(78)于是小王如愿以偿,坐上了火车。到了目的地,小王给妻子打了一个长途电话:"我抓住了那只由万分之一的机会,因为我相信一个不怕吃亏的笨蛋,才是真正的聪明人。"

　　(80)许多人正是凭着那份不放弃万分之一机会的执著,最终实现了自己的人生目标。(79)在通往成功的道路上,处处都有可能被错过的机会。你会努力地抓住万分之一的机会吗?还是坐在家里等待一个百分之百的机会自动送上门来?

**76.** 小王遇到了什么情况?

　　**A 买不到车票**　　B 火车停开了
　　C 钱包被偷了　　D 订不到房间

【题解】小王要去外地,没有事先买好火车票,车站说全部火车票都卖完了,小王买不到车票了,A项正确。

**77.** 车站工作人员强调的那句话意思是：
A 现在车票很贵
B 可以买到飞机票
C 几乎碰不到有人退票
D 现在回家的可能性很小

【题解】"万分之一"表示可能性非常小，首先排除 A 项和 B 项；根据文章，小王要去外地，不是回家，因此 C 项正确。

**78.** 最后小王：
A 去了外地    B 回了公司
C 终于回家了    D 找太太帮忙

【题解】根据文章，小王如愿以偿地上了火车，到了目的地，A 项正确。

**79.** 作者认为要实现自己的人生目标就要：
A 制定计划    B 把握机会
C 善于思考    D 听人劝告

【题解】作者认为，很多人不放弃万分之一的机会得到了成功，说明抓住机会非常重要，因此本题选择 B 项。

**80.** 可以替换文中最后一段中"执著"一词的是：
A 实行    B 固定
C 坚持    D 运气

【题解】A 项"实行"表示用行动来实现政策、计划等；B 项"固定"表示不变动、不移动，跟"流动"相反；C 项"坚持"表示坚决保持、维护或进行，不改变；D 项"运气"表示命运、幸运。根据文章，小王希望能够买到退票的想法一直没有改变，这是他成功的原因，四个选项中 B 项、C 项和不改变有关，但是 B 项"固定"作形容词，多用于具体的事物，如机器、安排等；而 C 项"坚持"多用于抽象的事物，如态度、做法等，也可以用作动词，表示做某事时不改变，因此本题选择 C 项。

**81—85.**

赞美能令平时不起眼的角色成为英雄，能让平时冷漠的人露出难得的微笑。懂得真诚地赞美别人，生活会更加美妙。每个人都有自尊心和荣誉感，(81)对一个人真诚的表扬与赞同，就是对他价值的最好承认和重视。真诚的欣赏和善意的赞许能拉近人与人的距离，消除陌生与敌意。

某个公司有一个专门负责打扫卫生的清洁工人，本来这是一个最被人忽视、最被人看不起的角色，(82)但就是这样一个人，却在一天晚上公司保险箱被偷时，与小偷进行了激烈地打斗，并最终抓住了小偷。事后，有人为他庆功并问他的动机时，答案出人意料。(83)他说，当公司的总经理从他身旁经过时，总会赞美他"你扫的地真干净"。这么一句简简单单的话，就使这个员工受到了感动，并愿以性

> 命报答。(84)这也正合了我国的一句老话——"士为知己者死"。一位著名的女企业家曾说过:"世界上有两件东西比金钱和性命更为人们所需——认可与赞美。"
>
> (85)或许有人以为光是赞美没有什么用,还不如发些奖金来得实在。然而他没有弄明白,赞美实际上是对一个人的内心和精神最大的奖励,那种受到肯定与赞美而带来的满足感,要远远超过金钱给人带来的快乐。

81. 对一个人价值的最好承认和重视是:
    A 为他庆功　　B 真诚夸赞
    C 经常感谢　　D 给他升职

【题解】根据文章中"对一个人真诚的表扬与赞同,就是对他价值的最好承认和重视",四个选项中B项"夸赞"和"表扬"、"赞同"意思相近,B项正确。

82. 根据文章内容可以知道,清洁工人:
    A 保护了公司的财产
    B 不满意自己的工作
    C 认为自己应该升职
    D 希望得到大家的认可

【题解】根据文章,清洁工人在保险箱被偷的时候跟小偷进行了激烈的打斗,并且抓住了小偷,也就是说公司的东西没有被偷,清洁工人保护了公司财产,A

项正确。B项、C项、D项和文章内容无关,是根据人们一般的心理得出的推论。

83. 让工人感动的是总经理:
    A 关心他的身体
    B 照顾他的家人
    C 肯定他的工作
    D 考虑他的建议

【题解】总经理说"你扫的地真干净"这句话感动了工人,因为这句话是对他工作的认可,本题选择C项。

84. 文中"士为知己者死"的意思是:
    A 士兵在战场上要勇敢
    B 对待朋友一定要真诚
    C 每个人都要有真正的朋友
    D 愿意为赏识自己的人献身

【题解】文章说了清洁工人的故事,因为总经理肯定了工人的工作,所以工人愿意以性命报答,作者用"士为知己者死"这句话总结这个故事,在选项中D项也可以说明这个故事的意思,因此本题选择D项。

85. 这篇文章主要说明了:
    A 赞美的力量
    B 如何表扬别人
    C 不要轻视任何人
    D 怎样成为好领导

【题解】这篇文章说了赞美可以使普通人变成英雄,可以给人带来快乐和满足,这些都是赞美的力量,本题选择A项。

86—90.

(86)有一位教授每天都得乘小船到对岸的大学讲学。这一天早上,他又乘小船,途中他忽然指着空中问划船的人:"船家,你对天文学认识多少?"船家很惭愧地回答说:"教授.我因为受教育不多,所以对天文学一无所知。"教授得意洋洋地说:"天文学你不懂?那你已经失去了25%的生命了。"过了不久,教授又问:"船家,那你对生物学认识多少呢?"船家更羞愧地回答:"对不起,教授,我也不懂什么是生物学。"教授吃惊地说:"(87)连生物学你也不懂?那可以说你已经失去了50%的生命了。"又过了不久教授指着水中的水草问:"那你到底知道不知道什么是植物学呢?"船家惭愧地连头也不敢抬,小声地答:"我……我不知道。"教授忍不住大笑起来说:"那可以说你已失去了75%的生命了。"

就在这时,忽然刮起了大风,天色大变,大雨骤来。(88)小船在风浪中撞到了大石,船底破了一个洞。眼看小船就要沉没了,船家连忙准备跳水逃生,于是他便关心地问教授:"那你会不会游泳?"教授已经吓得面无人色,他回答:"我就是不会游泳啊!"船家很同情地说:"那看来你马上就要失去100%的生命了。"说完他就跳水逃生去了。

(89)一个人最大的价值并不在于他受过多高的教育,而是在于他有没有经得起生活中的风浪的技能。在经济不景气时,我们看见不少受过高深教育的会计师、工程师等因失去了工作而不知所措,前途未知,却不曾见过一名受过良好训练的推销人员手忙脚乱。(90)学习的意义,不只是过上理想的生活,更重要的是可以让自己成为一个成熟、自信、经得起风浪的人。

**86. 教授坐船去:**

A 游玩    B 访友
**C 上班**    D 学习

【题解】教授到对岸的大学去讲学,"讲学"是教课,说明教授是去工作,C项正确。

**87. 教授认为不懂生物学会失去多少生命?**

A 25%    **B 50%**
C 75%    D 100%

【题解】船家不懂天文学,教授说他失去了25%的生命,船家也不懂生物学,教授说他失去了一半的生命,也就是说,教授认为不懂生物学会失去50%的生命,B项正确。

**88.** 教授在乘船时遇到了什么情况？
   A 船家生气了
   **B 小船进水了**
   C 忘了拿东西
   D 船上的人太多

【题解】根据文章，船底破了一个洞，那么小船就会进水，因此小船快沉没了，本题选择 B 项。

**89.** 人最大的价值是：
   A 社会地位的高低
   B 个人收入的多少
   C 有真正的好朋友
   **D 能面对并解决困难**

【题解】根据文章，人最大的价值在于"他有没有经得起生活中的风浪的技能"，"经得起风浪"表示遇到困难的时候能解决，本题选择 D 项。

**90.** 学习的意义是：
   **A 充实和提升自己**
   B 接受良好的训练
   C 获取必要的知识
   D 实现理想的生活

【题解】根据文章最后一句话可以知道，学习的意义是使人获得能力的提升，从而更加成熟自信。本题选择 A 项。